Contatos com o autor:

 contato@aguinaldopires.com.br

 @aguinaldopirescelebrante

Dados Internacionais de Catalogação na Publicação (CIP)
(Câmara Brasileira do Livro, SP, Brasil)

Pires, Aguinaldo Luis

Oração eficaz: como tornar nossas orações mais claras /
Aguinaldo Luis Pires. -- 1. ed. -- Cotia, SP: Ed. do Autor, 2022.

ISBN 978-65-00-56539-3

1. Oração – Cristianismo. 2. Oração - Cristianismo – Meditações.
3. Orações 4. Vida espiritual – Cristianismo. I. Título.

22-135563   CDD-248.32

Índices para catálogo sistemático:
1. Oração: Prática cristã: Cristianismo 248.32

Ficha catalográfica elaborada por
Aline Graziele Benitez - Bibliotecária - CRB-1/3129

Aguinaldo Luis Pires

Oração Eficaz

Como tornar nossas orações mais claras

Dedicatória

Ao Senhor Deus, por sua infinita bondade e misericórdia sobre a minha vida.

À minha esposa Jamile, por seu apoio incondicional em todos os meus projetos.

À minha primogênita Giovanna, que me ajuda a continuar querendo ser um homem melhor.

Sumário

Oração Eficaz - Apresentação

Nos últimos tempos, temos falado muito sobre comunicação eficaz nas mais diversas áreas e, de acordo com os feedbacks que recebo, as pessoas têm encontrado resultados positivos com isso.

Na verdade, a união da disposição dessas pessoas em praticar aquilo que descobriram para obter esses bons resultados, tem feito toda a diferença, uma vez que seus pensamentos estão mais organizados e estão conseguindo identificar de melhor forma suas reais necessidades e desejos além de expressá-los de maneira mais clara.

Tão logo, a pergunta que nos faço é: "Por que não estender isso às nossas orações?".

Mas, antes de continuarmos a nossa mensagem, quero lembrar que as minhas intenções aqui são de apenas ajudar você na organização das ideias e com isso, se comunicar melhor até mesmo nas suas orações, afinal se nossa mente está bagunçada, automaticamente nossas orações também serão desordenadas e, por experiência própria e segundo o que aprendi com alguns pastores que conheço, manter o foco na oração é essencial.

Da mesma forma que precisamos saber nos comunicar com as demais pessoas, é importante saber formular nossas orações, e aqui já reforço que isso nada tem a ver com a simplicidade que cada um tem de orar e sim com a organização de nossas petições.

Em 1 Tessalonicenses, capítulo 5, versículo 17, o apóstolo Paulo orienta aos irmãos de Tessalônica, a cidade mais populosa e próspera do antigo reino grego da Macedônia, com o trecho *"Orai sem cessar"*. Este é o mesmo princípio adotado pelos cristãos, ou seja, orar por tudo e, sendo assim, imagine como seria uma oração sem uma causa bem definida, onde iniciaríamos apresentando uma coisa e misturaríamos com uma série de outras.

Uma coisa, por exemplo, é orar consagrando nosso dia e seus componentes, apresentando todo esse conjunto à Deus. Outra é reservar um tempo para uma oração específica ou uma causa como orar em virtude de uma certa enfermidade e de repente começar a apresentar coisas muito fora desse contexto.

Algumas igrejas determinam um período de oração por uma determinada causa, ao que os evangélicos normalmente chamam de campanha, onde oram por uma determinada causa.

Mais uma vez, ressalto que a intenção não é ensinar ninguém a orar e nem dizer que o modo A é correto e o B é errado, mas sim mostrar que o foco é muito importante em nossas orações.

Se formos diante de um juiz hoje, é porque temos uma causa que deverá ser julgada por ele e, mesmo que ele tivesse 50 causas nossas, cada uma delas seria julgada individualmente. O mesmo ocorre com as campanhas de oração nas igrejas, onde um tema é estabelecido e sobre ele desenvolvida a campanha de oração.

E talvez essa seja uma das maiores causas de não orarmos constantemente pelas coisas e perder o foco, ou seja, nossas várias necessidades unidas a desorganização de nossos pensamentos e sentimentos acaba por tirar o nosso foco.

Costumo dizer que, quando queremos fotografar uma flor, um animal ou até um objeto qualquer, miramos a objetiva da câmera para o que queremos fotografar e, quanto melhor for o foco melhor será a foto. Não há como manter o foco em duas coisas, aliás uma das definições de foco é ponto principal, no singular, e não conjunto nem vários pontos.

Agora que já tivemos essa conversa inicial, falaremos nos próximos capítulos de itens que nos auxiliarão não somente a ter foco em nossas orações, mas também a torná-la mais eficazes além de aumentar nosso conhecimento sobre comunicação interpessoal com base na bíblia.

Te desejo paz e prosperidade, além de que aprecie a leitura.

A comunicação é um presente divino

> *"Chamou-se lhe, por isso, o nome de Babel, porque ali confundiu o Senhor a linguagem de toda a terra e dali o Senhor os dispersou por toda a superfície dela."*
> *Gênesis 11:9*

Se atualmente a informação é uma arma, torná-la em conhecimento é ter poder, mas ter poder sem controle acaba se tornar uma receita para um desastre.

Foi o que aconteceu com os trabalhadores e idealizadores da Torre de Babel pois, tinham conhecimento e o usariam para algo que Deus não aprovava.

Além do conhecimento necessário para construir algo tão grandioso em termos de extensão, seria necessário ter uma boa comunicação que já tinha como ponto positivo, o fato de todos falarem a mesma língua, mas quando Deus retirou essa vantagem deles, nada mais funcionou.

Para quem trabalha com projetos que envolvam várias equipes em prol do mesmo objetivo, sabe que se não houver comunicação, será impossível seguir adiante, e foi o que ocorreu neste caso.

Ao contrário do que muita gente pensa, comunicação não é falar demais, já que aqueles que são desinibidos são tidos como comunicativos. É a habilidade em saber como e quando falar, assim como e quando ouvir, pois comunicação implica em enviar uma mensagem de modo que ela seja recebida e entendida adequadamente pelo outro lado.

Quando temos uma informação e não sabemos transmiti-la para outras pessoas de forma adequada, acabamos por descaracterizar a informação e o que deveria ser uma ótima notícia pode ser rebaixada para uma notícia qualquer, por exemplo.

Embora esse fato não seja algo novo, precisamos ter em mente alguns princípios que vemos na comunicação não violenta, como por exemplo, tornar o nosso vocabulário mais positivo, o que mudará drasticamente o mundo ao nosso redor.

Conheço pessoas que vivem repetindo as mesmas coisas, como por exemplo que estão numa loucura do trabalho ou que não conseguem ter paz, e pode até ser que seja verdade, mas o que não sabemos é se elas construíram essa verdade com seu modo de pensar e falar ou se caíram em um lugar muito ruim para se viver.

Imagine as conversas daquelas pessoas envolvidas naquela obra, a soberba que cada palavra deveria expressar e as intenções que cada conversa revelava. Certamente era algo tão ruim que chamou a atenção de Deus a ponto de ele confundir a conversa entre eles.

Alguns estudiosos dizem que foi a partir desse fato, que surgiram as várias línguas espalhadas pelo mundo.

Uma grande lição que podemos tirar daqui é que nossas palavras sempre vão atrair a atenção de Deus, seja para o bem como para o mal, porém eu arriscaria dizer que quanto melhores elas forem, melhor será o nosso cotidiano, não que não teremos mais problemas, mas que tudo acaba por se encaixar.

Então, se nosso vocabulário é negativo e agressivo por natureza e achamos isso tão normal a ponto de não fazermos nada para melhorá-lo, como poderemos dirigir palavras agradáveis a Deus se não temos o hábito de sermos agradáveis normalmente?

Normalmente, uma pessoa que vive falando palavras de baixo calão e tratando as pessoas de uma maneira desagradável, não consegue obter algo de bom quando procuram alguém que valoriza uma boa conversação e, mesmo sabendo o quanto Deus é misericordioso, não seria muito diferente com ele.

Agora que temos esse precioso conhecimento que nos leva em direção à sabedoria que nos livra de tudo aquilo que poderia nos tirar da sintonia com Deus, passamos a entender que a comunicação é um presente divino pelo qual devemos zelar e, se assim o fizermos com cada uma das pessoas com as quais interagimos, estaremos honrando a Deus por nossa postura e escolha.

E se praticarmos a positividade das palavras, o amor ficará em evidência e nossos pensamentos serão cada vez melhores, levando à palavras melhores que nos colocaram em um ciclo de paz e harmonia, independente do que acontecer.

Se este treino for constante, saberemos como falar a um Deus que não enxergamos, já que exercitamos isso com o irmão que vemos a nossa frente.

Na tentativa da construção da Torre de Babel, os envolvidos não levaram em conta que quando fazemos algo que beneficie a outros, recebemos o alvará para seguir adiante com nosso projeto.

Por fim, lembre-se que se Deus é amor e nós nos ligarmos a Ele através desse amor expresso em atos, pensamentos e palavras, nos conectaremos a outras pessoas nessa mesma frequência e através disso poderemos ver, não uma torre, mas toda uma vida que Ele mesmo nos prometeu.

Conhecimento é poder

> *"O meu povo está sendo destruído, porque lhe falta o conhecimento. Porque tu, sacerdote, rejeitaste o conhecimento, também eu te rejeitarei, para que não sejas sacerdote diante de mim; visto que te esqueceste da lei do teu Deus, também eu me esquecerei de teus filhos." Oseias 4:6*

Você abriria seus segredos à um estranho? Acredito que não, bem como não se aproximaria de alguém que não conhece para falar de coisas íntimas ou pedir uma ajuda especializada.

Tampouco consigo imaginar alguém fazer um pedido de casamento para alguém que acabou de conhecer, salvo raras exceções, afinal para algo nesse patamar, é sugerido conhecer a pessoa em alguns aspectos que poderão evitar futuros problemas.

No capítulo anterior falamos sobre informação e ouvir alguém falar de Deus ou até mesmo ler sobre ele sem fazer nada com essa informação, não nos traz benefício algum.

Nesse capítulo, falaremos sobre conhecimento, mas não de qualquer conhecimento e sim de trabalhar a informação sobre aquele a quem recorremos em todos os momentos de nossas vidas, nosso Deus.

E para falar sobre esse tema, é uma honra utilizar as palavras daquele que foi o maior profeta de sua geração, o profeta Oséias.

Quando leio o livro de Oséias, capítulo 4, versículo 6 eu vejo um povo que já havia presenciado muitas coisas, coisas que ninguém mais viu, coisa que ninguém poderia explicar e talvez por isso Deus dizia que aquele povo era um povo exclusivo dele, e que serviria de testemunha do poder de Deus para as demais nações.

Outra coisa que me vem à mente quando leio isso, é que o povo perdeu muito ao rejeitar o conhecimento, afinal é impossível se comunicar com alguém que segue para o lado contrário que nós seguimos, com ideias e entendimentos diferentes, o que me leva a crer que já não existia sequer uma tendência a buscar conversar com Deus.

Porém, a falta de conhecimento aqui citada e que não se refere à uma ignorância inocente, mas sim à rejeição ao conhecimento sobre Deus, abriu uma enorme porta de entrada para outras coisas que afastaram aquele povo da Graça de Deus.

Imaginem que aquele povo vivia em uma época de sinais e milagres grandiosos, de obras que Deus fazia constantemente na vida deles, já desde a época da peregrinação com Moisés pelo deserto.

E qual o papel de uma testemunha, senão de atestar os feitos, de trazer a público a verdade?

Porém, um povo que rejeitou a oportunidade de se aproximar e conhecer mais de Deus, não pode ser uma testemunha confiável, sem falar que quanto mais ignoramos as regras, sejam elas quais forem, passamos a agir cada vez mais por nossos instintos e, nesse caso, se afastando cada vez mais do Criador.

Na comunicação eficaz, quando não estamos alinhados em um mínimo possível com nossos interlocutores, não conseguimos estabelecer uma comunicação muito produtiva, até porque para que isso aconteça precisamos estabelecer algum tipo de conexão e, por um outro lado quando conhecemos aqueles com quem queremos falar e transmitir uma mensagem, a comunicação flui muito melhor e a mensagem é enviada e recebida de maneira mais clara, surtindo os efeitos desejados.

Da mesma forma, procurar saber mais sobre Deus, conhecer sua palavra e como nos aproximar dele mantendo essa conexão viva, nos permite não só termos uma oração mais íntima, como também seguir princípios que sustentem essa conexão.

Não conhecer a Deus é o mesmo que viver correndo o risco de nosso coração não estar alinhado com o Dele, e isso pode se manifestar de diversas maneiras que não nos cabe mencionar aqui, afinal esse é assunto tão extenso que daria para escrever um novo livro.

Quem de nós já não se aventurou a andar por algum caminho que não conhecia para chegar à um determinado destino, sem sequer parar para perguntar? Eu mesmo já ignorei tantas vezes o GPS que, por pouco não deixei de chegar ao destino.

O mesmo ocorre quando ignoramos conhecer a Deus, o GPS de nossas vidas, já que uma das únicas coisas que impedem o cumprimento de suas promessas em nossas vidas, é a falta de conhecimento gerada por uma espécie de rebeldia e consequente desobediência.

Quantas vezes deixamos de seguir o caminho correto para seguir os nossos próprios desejos? Quantas coisas perdemos por não querer nos abrir ao conhecimento e por continuar agindo como achamos que devemos agir?

Aplicamos princípios em tudo em nossas vidas como se fossem segmentados, ou seja, o que serve aqui, não serve ali e, por exemplo, acabamos por servir melhor ao nosso empregador do que a Deus, sendo que o princípio de servidão é um só.

Se queremos ter uma oração mais eficaz, precisamos começar conhecendo melhor aquele com quem queremos nos comunicar, reconhecendo suas ações e sinais em nosso meio, em nossas vidas, até porque quando chegar o dia de receber nossa benção, se não conhecermos a Nosso Deus em um mínimo aceitável, poderemos deixar que qualquer palavra mal-intencionada nos coloque em dúvida e a benção passe.

Ou pior que isso, poderemos achar que qualquer coisa que pareça boa aos nossos enganosos corações, pode ser a bênção tanto esperada e desejada.

Se conseguirmos reconhecer a Deus pelo que Ele é, saberemos que nossas palavras não podem ser quaisquer palavras e que, por mais simples que elas possam ser, para uma oração mais eficaz, precisamos da chave principal que é colocar nosso coração alinhado com o de Deus.

E para concluir nosso raciocínio aqui, se procurarmos o significado da palavra "Oração" vamos encontrar coisas como orar e agir, e até concordo que seria o nosso falar com Deus (orar) causando um movimento (ação) no mundo espiritual, mas de modo geral, se a palavra "Oração" também pode significar falar com o coração, significa que quanto mais alinhado estiver nosso coração com o de Deus, mais pura será nossa oração.

A palavra constrói nossa realidade

> *"Disse Deus: Haja luz; e houve luz. E viu Deus que a luz era boa; e fez separação entre a luz e as trevas. Chamou Deus à luz Dia e às trevas, Noite. Houve tarde e manhã, o primeiro dia." Gênesis 1:3-5*

O fenômeno do "haja" é a mais fantástica demonstração do poder de Deus, pois, ele criava em seu coração e suas palavras traziam essa criação para a realidade.

Não havia nada, e cada item foi criado a partir de uma ordem de Deus, mais especificamente de uma palavra saída da boca de Deus, se é que podemos dizer assim.

Uma palavra produz algum tipo de som, e se formos muito mais além, veremos que somos frutos de uma vibração sonora, afinal quando Deus disse "haja Aguinaldo" ou "haja você", foi uma vibração sonora que aconteceu, talvez não audível para nós, mas para quem o quê precisava ouvir.

Deus pode até ter criado o universo do nada, mas o ser humano foi criado da mistura da terra e da água, elementos que ele já havia colocado em nosso planeta e que têm vital importância para nossa existência e sobrevivência.

Alguns estudos já mostraram que muitos (para não dizer todos) dos elementos químicos que compõem nosso corpo, são encontrados no solo, mas ainda mais curioso que isso é um planeta chamado terra, ser compostos em sua maior parte por água, assim como o nosso corpo.

Tire a água de ambos, e deixaremos de ver a vida como ela é, aliás nada que é vivo resiste sem água, seja animal ou vegetal, e as coisas artificiais que consumidos, precisaram de alguma proporção de água para existir, mas jamais chegarão perto de serem tão boas quanto os naturais.

O que quero dizer com essa reflexão é que tudo o que precisamos para existir, Deus já colocou em nosso planeta e em nossas vidas desde sempre, e não ainda achar que não precisamos disso ou daquilo, porque ainda que escolhamos comer todos os dias em restaurantes fast foods, nosso corpo continuará a pedir algo saudável.

Não quero entrar nesse mérito, mas devemos estar atentos para a diferença do que é criado para o que é copiado, pois as cópias têm vida útil muito diferente dos originais e, somente quem não cria, gasta tempo e esforço para copiar.

Quando profetizamos sobre nossas vidas ou sobre a vida de outras pessoas, estamos criando algo no mundo espiritual esperando que se manifeste no mundo material através da ação de Deus, o que não significa em momento algum que não devamos assumir nossa parcela de responsabilidade para que as coisas ocorram.

Segundo o versículo 27 deste mesmo capítulo de Gênesis, *"também disse Deus: Façamos o homem à nossa imagem, conforme a nossa semelhança; tenha ele domínio sobre os peixes do mar, sobre as aves dos céus, sobre os animais domésticos, sobre toda a terra e sobre todos os répteis que rastejam pela terra."*.

O privilégio de ser feito à imagem e semelhança do próprio criador, diz tanto sobre nós que daria vários livros se fossemos estudar sobre o tema, mas o dom da criação é algo que não podemos negar.

Os animais também procriam, mas somos os únicos seres capazes de criar a realidade em que vivemos e, antes que alguém me pergunte se é só falar para acontecer, há muitas coisas envolvidas em criar uma realidade, começando pela necessidade e por aquilo que compõe nossa essência como ser humano.

A maioria das pessoas quer realidades absurdas para mostrar algo para alguém, mas as melhores realidade criadas por nossas palavras são aquelas em que outras pessoas se beneficiam também.

Lamentavelmente, como seres humanos que têm em sua mão o livre arbítrio, também temos um instintivo vocabulário agressivo, e quando vemos já estamos criticando, maldizendo e até fofocando, o que criar uma realidade também, porém nada agradável.

O triste disso é que nossas palavras podem salvar vidas e nem precisamos estar em um púlpito para isso, mas todos os dias alguém chega até nós por um motivo ou por outro e, inevitavelmente recebe alguma palavra nossa.

A questão é saber se esta palavra é de vida ou de morte, mas mais importante do que isso é saber se somos ou estamos sensíveis o suficiente à voz de Deus para ter a empatia necessária para perceber o efeito que nossas palavras estão causando na vida do outro.

Mas, e se hoje Deus te entregasse em sua mão um controle remoto com um botão que te permitisse apagar tudo de ruim que você viveu e que te possibilitasse viver uma nova vida, o que você faria?

Não há a menor condição de eu saber sua resposta, mas posso te dizer que eu teria focado em um vocabulário melhor, mais positivo e que tirasse de minha boca tudo de ruim que já falei.

Sei que isso, traria pessoas novas para a minha vida e, certamente, pessoas que se identificassem com essa minha escolha e a partir daí eu aproveitaria cada nova oportunidade que eu tivesse de crescer aprendendo algo inédito para mim.

Bom, a má notícia é que esse controle remoto não existe, mas a boa notícia é que Deus nos dá essa possibilidade todos os dias e cabe a nós escolher se a utilizaremos ou não para viver dias melhores.

O mesmo Deus que nos presenteou com a comunicação, deixou um canal aberto para nos comunicarmos com ele, mas será que estamos fazendo bom uso deste canal?

A importância de saber pedir

"De onde procedem guerras e contendas que há entre vós? De onde, senão dos prazeres que militam na vossa carne? Cobiçais e nada tendes; matais, e invejais, e nada podeis obter; viveis a lutar e a fazer guerras. Nada tendes, porque não pedis; pedis e não recebeis, porque pedis mal, para esbanjardes em vossos prazeres". Tiago 4:1-3

Nos capítulos anteriores falamos sobre a construção de nossa realidade através de nossas palavras, além da comunicação como um presente divido e sobre o conhecimento, especificamente sobre conhecer melhor a Deus que é o receptor de nossas orações, por assim dizer, afinal quanto melhor conhecermos alguém, melhor nos comunicaremos com essa pessoa.

E falamos que, semelhante a aplicação da Comunicação Eficaz nos lugares e ocasiões em que transmitimos alguma mensagem, é importante conhecer também um pouco melhor nosso interlocutor celestial para poder ter uma vida de oração mais ajustada com Ele.

Já ouvi várias interpretações da palavra base desse capítulo, inclusive de pessoas leigas no assunto, e confesso que por muitos anos entendi isso errado por ler apenas a metade da frase, porém, assim como cada trecho da bíblia é rico e poderíamos falar incessantemente de cada um deles, também haveria muito para falar deste versículo, mas nos limitaremos ao que se refere à comunicação eficaz.

Aproveito para lembrar a você que, não sou dono da verdade e para cada trecho bíblico citado neste livro, sugiro que leia o contexto todo e pesquise para se aprofundar cada vez mais na essência que somente a palavra de Deus possui.

Sabemos que a única coisa que nos difere dos animais são as regras que seguimos ou ao menos deveríamos seguir e, quando não as seguimos ou as ignoramos, passamos a agir por nós mesmos e, consequentemente por nossos instintos.

E já que instintos não possuem ética nem regras, passamos a ser muito mais carnais que espirituais, o que influencia diretamente na qualidade de nossas orações.

Imagine que ao conversarmos com alguém, por instinto, não pedimos por favor e nem dizemos obrigado, afinal por instinto queremos apenas receber o que pedimos e ponto. Talvez você esteja pensando nesse momento que com você não é bem assim que acontece, mas, no calor das situações em um dia de trabalho quando somos procurados por várias pessoas quase que simultaneamente, muitas vezes tratamos aos outros no automático, indo direto ao assunto sem um mínimo de gentileza e, às vezes, até sem muita educação.

Se alguém nos tratar assim, certamente ficaremos no mínimo, incomodados e dependendo de nosso estado emocional naquele momento, deixaremos de falar com a pessoa por um bom tempo, além de sair dizendo coisinhas sobre esse suposto comportamento absurdo que alguém teve conosco.

O mais comum para se dizer de uma pessoa que busca conhecer e se aproximar mais de Deus, é que uma das principais coisas que esta pessoa oraria pedindo e o discernimento e a sabedoria para obter uma oportunidade de negócios onde pudesse servir com o que faz de melhor para, por outro lado atingir seu propósito de vida.

Já uma pessoa que pouco busca a Deus e que não possui muito interesse em conhecer e se aproximar dele, oraria com foco direto em atingir uma meta ou conseguir alguma coisa, ignorando os princípios e o processo para atingi-la.

Lógico que isso não é uma crítica a ninguém e, apesar de ser um exemplo, seria o mesmo que, no trabalho, eu pedir uma promoção ao meu chefe sem fazer ao menos o que ele considera básico para que julgue se sou merecedor ou não, ou seja, quanto mais alinhado eu estiver com ele e seus objetivos, mais confiança ele terá em mim a ponto de me confiar coisas maiores e me promover em momento oportuno.

Quando o apóstolo Tiago diz em seu livro que pedimos mal, ele o diz por que pedimos pelos motivos errados e com um coração egoísta, já que pensamos apenas em satisfazer a nossa necessidade, sem considerar mais nada.

Um coração alinhado com o coração de Deus, jamais pediria algo para satisfazer tão e somente a si mesmo e suas necessidades, até porque isso nos tornaria mais semelhantes ao mundo e nos afastaria de Deus.

Não desprezemos o fato de que assim como se aproximar de alguém por interesse é ruim, o mesmo ocorre com o fato de se aproximar de Deus, já que a chave de uma aproximação mais eficaz, seria a fé, também conhecida como esperança nas coisas que não se vêm, mas que se esperam.

Com isso, se abre uma outra vantagem em nos aproximarmos e conhecermos melhor a Deus que é o fato de que, quando não sabemos o que pedir, o Espírito Santo age em nossas fraquezas intercedendo por nós, como está escrito em Romanos, capítulo 8, versículo 26.

Nesse ponto, eu acredito firmemente que, naqueles momentos de desespero em que não sabemos o que pensar e o que falar, mas, que ainda assim buscamos a Deus com coração humilde, seu Santo Espírito sonda nossos corações e intercede por nós.

Outro ponto que nos leva a entender que sem conhecer e se aproximar de Deus, não podemos estar alinhados com Ele, é pelo que lemos em Tiago, capítulo 1, versículo 8 onde se está escrito:

'O homem de coração dobre é inconstante em todos os seus caminhos. '

Já esteve com alguém que queria uma coisa e logo depois queria outra em alguma situação em que você estivesse envolvido? Assim é o homem de coração dobre, que não escolhe um lado para seguir e acaba querendo seguir para vários lados, às vezes ao mesmo tempo inclusive.

Imagine que queiramos ir para Foz do Iguaçu e que nos colocamos a dirigir na estrada que nos levaria para lá, mas que no meio do caminho, mudamos de ideia e decidimos dar uma passadinha no Japão antes.

No mínimo uma entre duas coisas ocorrerá: ou não iremos mais para Foz do Iguaçu, ou chegaremos lá muito tempo depois do planejado, e isso tão e somente porque não fomos capazes de seguir em uma única direção, ou seja, não mantivemos o nosso foco.

Nem imagino para qual direção ir se um dia decidir ir ao Japão de carro, mas sei que não há uma estrada direta para lá e que, mesmo que eu quisesse colocar meu carro em um navio para ir até lá, Foz do Iguaçu estaria muito longe de qualquer trajeto que eu pudesse imaginar a partir do Japão.

Orar com o coração desalinhado é bem semelhante a isso, ou seja, não há como obter uma direção correta para onde se planejar ir.

Em nossas vidas fazemos amizades, andamos com pessoas que, como falo em nossos cursos, devem estar alinhadas com nosso propósito de vida, pois do contrário, vamos parar em outra estrada que nos afastará desse propósito.

Caso nosso propósito seja nos preparar para algo, como por exemplo estudar medicina por anos e trabalhar como médico em seguida, para seguir nessa direção, deveremos estar envolvidos com pessoas que contribuam para isso pois, do contrário seremos levados para outra direção e abandonaremos o plano original.

Há pessoas que vivem dessa forma, deixando caminhos incompletos ao longo de suas vidas, e não se dão conta disso, deixando de se alinhar com pessoas que fariam diferença em suas vidas.

E se pensarmos bem, veremos que perdemos muitas oportunidades por não saber nem o que e nem como pedir as coisas para as pessoas que poderiam mudar nossas vidas para melhor, desperdiçando oportunidades únicas.

Na primeira carta do apóstolo Pedro, no capítulo 1, versículo 22, está escrito:

'Purificando a vossa alma na obediência à verdade, para amor fraternal, não fingido, amai-vos ardentemente uns aos outros, com um coração puro; '

Ele exorta o povo a manter o coração puro e dá algumas dicas para isso, algo que certamente faz a diferença na vida daqueles que oram abandonando tudo aquilo que não contribui para uma oração saudável.

Lembre-se que oração é o mesmo que falar com o coração e quanto mais limpo estiverem nossos corações, melhor e mais eficaz será nossa oração, já que um coração íntegro pode trazer muito mais benefícios do que imaginamos.

A sabedoria e seus benefícios

> *"'De onde vem, então, a sabedoria? Em que lugar está a inteligência? Nenhum ser vivo pode vê-la, nem mesmo as aves que voam no céu. Até a Destruição e a Morte dizem: "Nós apenas ouvimos falar dela." Só Deus conhece o caminho; só ele sabe onde está a sabedoria porque a sua vista alcança os lugares mais distantes do mundo; ele vê tudo o que acontece aqui na terra. Quando Deus regulou a força dos ventos e marcou o tamanho do mar; quando decidiu onde a chuva devia cair e por onde a tempestade devia passar; foi então que ele viu a sabedoria, e a examinou, e aprovou. E ele disse aos seres humanos: "Para ser sábio, é preciso temer o Senhor; para ter compreensão, é necessário afastar-se do mal." Jó 28:20-28*

Já falamos aqui sobre a importância de se buscar conhecer um pouco mais a Deus e, de preferência cada vez mais. Falamos também que quanto mais alinhados estiverem os nossos corações com o coração de Deus, melhor qualidade terão nossas orações, além de todos os diversos benefícios que isso trará para nossas vidas no geral.

Neste capítulo, falaremos um pouco sobre sabedoria, afinal quantas vezes abrimos nossas bocas ignorando a necessidade de falar e agir com sabedoria em todos os momentos? Pois é, ao menos eu posso dizer que já abri minha boca em muitos momentos em que o melhor teria sido ficar calado, e assim se revelou a falta de sabedoria de minha parte.

Como cristãos, afirmamos ser pessoas que acreditam firmemente nas escrituras sagradas, e por isso vemos que seria impossível ter sabedoria sem temer ao Senhor, mas, ainda que tenhamos a sabedoria, mas não nos afastemos dos caminhos tortuosos e ainda que insistamos em não nos afastar do mal nem dos antigos hábitos, não poderemos chegar ao nível da compreensão, ou seja, jamais teremos uma inteligência satisfatória para ver com os olhos da fé.

Talvez um bom exemplo, seja comparar com o fato de comprarmos um equipamento novo e extremamente complicado de se operar, onde para aprender a utilizar esse equipamento precisaríamos ler o manual de instruções que está em mandarim, que por sua vez sem compreender seus escritos, nos impossibilitaria de obter o máximo de rendimento possível desse equipamento.

Assim seria a vida com sabedoria, mas sem compreensão. A única coisa para a qual nos tornamos habilitados quando obtemos o poder sem instruções de uso, é para cometer grandes equívocos.

Em uma outra tradução, encontramos algo muito mais interessante sobre essa palavra que é: "Eis que o temor do Senhor é a sabedoria, e apartar-se do mal é a inteligência."

Em primeiro lugar, precisamos entender que para compreender algo, é necessário ter inteligência, algo que pode ser exercitado ao longo de nossas vidas, porém inteligência é diferente de sabedoria.

Quando falamos de inteligência, falamos da habilidade em manejar todo o conhecimento adquirido de alguma forma, afinal os processos de aprendizagem podem ajudar a desenvolver métodos de recuperação mais rápida dessas informações retidas em nossa mente e, quanto mais hábeis formos nisso, mais inteligentes nos tornamos.

Já quando falamos em sabedoria, estamos nos referindo à capacidade de extrair lições de todo o conhecimento adquirido, seja ele através do meio acadêmico ou através das experiências pelas quais passamos.

Aliás, inteligência é aprender com os nossos próprios erros e sabedoria é aprender com o erro dos outros, sem a necessidade de passar pelos mesmos problemas.

Levando esse apanhado de palavras para uma aplicação prática, você já deve ter ouvido algumas pessoas dizerem que tentaram ler a bíblia, mas que não entendem os textos. Na verdade, elas até conseguem adquirir algum conhecimento através da leitura, mas não conseguem extrair sabedoria desse conhecimento por não terem o entendimento necessário para isso.

É por esse motivo que devemos pedir a ajuda de Deus para lermos a palavra e, dessa forma conseguirmos extrair além do conhecimento, a sabedoria que irá nos guiar nos caminhos agradáveis ao Senhor e transformar nossas vidas. Do contrário, teremos conhecimento através da leitura, mas não saberemos tirar proveito disso porque não teremos o entendimento necessário para isso.

Seríamos como um papagaio ou, como é popularmente chamado, um louro, entre outros nomes dependendo da região do país, que até decora coisas que ouve, mas que não possui consciência sobre o peso de cada uma delas.

Agora que já sabemos a diferença entre sabedoria e inteligência, passamos a entender que não podemos ter sabedoria se não tivermos inteligência para manusear o conhecimento e não podemos atingir a inteligência se não nos afastamos do mal. Além disso, se tememos o Senhor passamos a agir com prudência e essas experiências nos trarão sabedoria, ou seja, Deus é o princípio e fim de todo esse processo.

Apenas para fixarmos isso, vamos ler o trecho que está em Mateus no capítulo 12, versículo 34:

"Raça de víboras, como podeis vós dizer boas coisas, sendo maus? Pois do que há em abundância no coração, disso fala a boca."

Não precisamos ir tão a fundo para saber que se seguimos por maus caminhos, não há como sermos bons e, consequentemente não há como sair coisas boas de nossas bocas se os nossos corações estiverem repletos de coisas ruins e, coisas ruins podem ser feridas emocionais não curadas, situações mal resolvidas, mentiras de qualquer tamanho e intensidade e, principalmente, a trama contra outros.

O salmo 37, no versículo 30 diz que a boca do justo fala de sabedoria e que a sua língua fala do que é reto, ou seja, qual a probabilidade de que uma boca que fala mal de outros, que pronuncia enganações, que fala falso testemunho, pronunciar palavras construtivas?

Quero começar a desenvolver nossa conclusão deste capítulo, através da leitura do Livro de Tiago, capítulo 3, versículo 11, onde está escrito:

"Porventura, deita alguma fonte de um mesmo manancial água doce e água amargosa?".

Alguns podem até dizer que seria um radicalismo não confiar nas palavras de alguém com um proceder duvidoso, mas seria aceitável que encontrássemos por exemplo, um renomado líder religioso contando piadinhas obscenas? Dificilmente continuaríamos a dar crédito às palavras dessa pessoa.

Por fim, podemos sim ter nossas orações com palavras simples, afinal Deus é o único capaz de sondar e conhecer nosso coração, mas é importante garantir a ordem das ideias, pois elas determinarão o processo de aproximação de Deus e, principalmente, devemos vigiar nossa língua para que ela não coloque o conjunto inteiro em risco.

Como ser humano, quando estou próximo a alguém muito inconveniente em seu falar, me retiro de forma simples, sem criticar ou levantar qualquer polêmica.

Isso me faz pensar se, quando eu estou sendo inconveniente em meu falar, o mesmo Deus que aguarda o nosso convite para entrar em nossas casas, também não se afasta com toda a classe que possui.

E assim, quanto menos agradável somos a alguém, para mais distante essa ou essas pessoas se afastam de nós e, dependendo desta distância, poderemos ser ouvidos com muito esforço por essas pessoas na melhor das hipóteses, e na pior nem seremos ouvidos.

Que tal então, sermos agradáveis a Deus, nos mantendo próximos a Ele, temendo a Ele, nos enchendo a cada dia de sabedoria e inteligência, e que possamos dizer todos os dias de nossas vidas:

'Suba a minha oração perante a tua face como incenso, e seja o levantar das minhas mãos como o sacrifício da tarde. '
Salmos 141:2

Pedir por sabedoria, é o melhor pedido

"E, se algum de vós tem falta de sabedoria, peça-a a Deus, que a todos dá liberalmente e não o lança em rosto; e ser-lhe-á dada." Tiago 1:5

E continuamos nessa caminhada, rumo ao amadurecimento de nossas orações, ou melhor dizendo, de nossa comunicação com Deus e, até aqui já falamos sobre adquirir o conhecimento, conhecer e se aproximar mais de Deus, falamos sobre a importância da sabedoria nesse processo e sobre o papel da inteligência.

O versículo base desse capítulo por si só, já fala muito, mas as palavras seguintes são praticamente um resumo desse livro, além de uma injeção de ânimo e inspiração para seguirmos na busca da sabedoria.

Nunca vi nenhum tipo de escala que medisse a sabedoria das pessoas, mas algumas escolhas e atitudes, acabam por tornar isso evidente e, acredito que não seria nenhuma vergonha dizermos de coração contrito para Deus aquela frase que geralmente dizemos para quem não pode resolver nossos problemas, que é "eu só faço besteira e preciso ser mais sábio em minhas decisões".

É lógico que somos mais espontâneos na escolha das palavras para dizer essa frase acima, mas o que certamente seria apreciável aqui, é a humildade, onde reconhecemos nossas deficiências diante do único que pode supri-las, e o mais importante, sem te cobrar nada por isso (...e não o lança em rosto...).

O versículo 6 é a chave para qualquer oração, mas neste caso para obter sabedoria.

'Peça-a, porém, com fé, não duvidando; porque o que duvida é semelhante à onda do mar, que é levada pelo vento e lançada de uma para outra parte. '

Vale dizer que oração sem fé, é um apanhado de palavras que não possuem o poder de mover nada a nosso favor e, quando algumas pessoas não conseguem resposta para suas "orações", começam a fazer uma peregrinação infinita por tentativas e erros na busca de algo que está tão perto, mas que não conseguem enxergar.

Infelizmente, alguns ainda tratam a Deus como a um Jukebox, sim, aqueles aparelhos eletrônicos que vemos em filmes, onde se coloca uma moeda e se escolhe uma música do catálogo da máquina. Não se deposita um apanhado de palavras em Deus para ele tocar nossa benção, afinal para tudo há um processo e dentro de cada processo há um tempo determinado.

Nossa resposta pode não vir hoje, nem amanhã, nem na semana que vem, mas se tivermos sabedoria, saberemos que há um processo pelo qual devemos passar para que possamos adquirir uma determinada experiência que, se não for para nos ajudar, será para nos capacitar a ajudar a outros em algum momento.

E seguimos pelo versículo 7, que diz: *"Não pense tal homem que receberá do Senhor alguma coisa."*, ou seja, sem fé não tocaremos o céu em momento algum.

Agora, pensemos no seguinte versículo que está em Hebreus, capítulo 11, versículo 6:

'Ora, sem fé é impossível agradar-lhe, porque é necessário que aquele que se aproxima de Deus creia que ele existe e que é galardoador dos que o buscam.'

Depois que descobri que meus presentes de natal não eram entregues pelo papai Noel e que os chocolates de páscoa não tinham ligação alguma com algum coelho, passei a acreditar em minha mãe que fazia grandes esforços para que essas datas não passassem em branco.

Quando conhecemos a Deus de verdade, também passamos a buscá-lo porque entendemos que essa relação de dependência é diferente de qualquer outra e que um coração habitado por Deus jamais dará lugar a coisas que não estejam impregnadas de amor em sua maior parte.

E embora jamais tenhamos visto a Deus, pela fé sabemos que Ele existe e por seus feitos em nossas vidas, sabemos que ele age infalivelmente, e á através desta mesma fé que escolhemos nos comportar de um modo agradável a Ele, nos colocando em uma posição favorável para o contemplar.

E por fim, o versículo 8 do capítulo 1 do livro de Tiago diz que "o homem de coração dobre é inconstante em todos os seus caminhos", e se fizermos o caminho inverso veremos que a determinação em sermos retos de coração, é um pilar de sustentação para que alcemos a sabedoria.

O que precisamos guardar em nossos corações é que por fé, cremos em um Deus invisível, mas real e, crendo nesse Deus o tememos, não no sentido de ter medo, mas sim de respeito em todos os sentidos. Por esse temor santo, buscamos por conhecê-lo e nos aproximar cada vez mais dele, e com isso adquirimos a inteligência que nos afasta do mal, nos tornando um pouco mais sábios a cada dia.

Comunicar além das palavras

> *'Se vós estiverdes em mim, e as minhas palavras estiverem em vós, pedireis tudo o que quiserdes, e vos será feito.' João 15:7*

No último capítulo falamos sobre um Deus que é invisível, mas que é muito real e terminamos o capítulo fazendo uma reflexão sobre a importância da fé no processo da oração.

Da mesma forma que na comunicação interpessoal nós enviamos uma mensagem só pelo nosso proceder ou modo de se portar, com Deus não seria diferente, afinal quem recebe a palavra de Deus e a entende, vive de uma maneira diferente de quem não a recebeu ou não a entendeu.

O trecho bíblico base desse capítulo é uma parte das últimas instruções dadas pelo Senhor Jesus aos discípulos, onde ele se referia a si mesmo como a videira e ao Pai como o lavrador, exemplificando que aquele que não estiver nele, será jogado fora para ser queimado.

Com base em tudo o que já falamos até aqui, precisamos saber que uma parte importante de nossas orações é o próprio Senhor Jesus, até porque para que acreditemos nele como o Filho de Deus, precisamos acreditar primeiro em Deus que o enviou para ser o nosso Salvador.

Antes de continuar, vamos ler o trecho que está no capítulo 16 de João, versículo 23, onde o próprio Jesus diz que *"E, naquele dia, nada me perguntareis. Na verdade, na verdade vos digo que tudo quanto pedirdes a meu Pai, em meu nome, ele vo-lo há de dar".*

A questão é que nós dificilmente pediríamos algo que fizesse toda a diferença em nossas vidas e nas vidas de nossos descendentes, e continuaríamos pedindo mal.

Um forte exemplo para mim sobre o pedido certo, pode ser lido em 2 Crônicas, capítulo 1, versículo 10, quando Deus aparece à Salomão e lhe pede para que diga o que deseja receber de Deus.

"Dá-me, pois, agora, sabedoria e conhecimento, para que eu saiba conduzir-me à testa deste povo; pois quem poderia julgar a este grande povo?".

Não foi por acaso que Salomão é conhecido até hoje como o homem mais rico que já viveu nessa terra, mas foi o fato de abrir mão da fidelidade com Deus, que fez com que a sabedoria desse lugar aos erros e a um final muito diferente desse começo.

A verdade que encontramos na bíblia, é que Deus amou o mundo de tal maneira, que deu seu Filho unigênito, para que todo aquele que nele crê não pereça, mas tenha a vida eterna (João 3:16) e, se tivermos essa convicção, certamente teremos entendido que o evangelho de Jesus Cristo veio para colaborar com nossa busca em nos aproximar de Deus cada vez mais.

Falar sobre Deus é muito bom e gostoso, principalmente quando começamos a entender um pouco mais sobre ele a cada dia, mas quando olhamos para seu Filho e Senhor Nosso, Jesus Cristo, vemos a solidificação da certeza de que todo conhecimento já estava contemplado na bíblia desde sempre.

Passamos anos frequentando cursos e buscando formações que Cristo dava livremente. Aqui nós falamos sobre melhorar nossa comunicação com Deus, mas, Jesus deu várias dicas de como orar, muitas das quais nem nos lembramos ao orar.

Ele nos ensinou como amar ao próximo, como nos relacionar com as pessoas, como nos comportar nos lugares, a respeitar os que vemos (pais, empregadores e superiores, governantes etc.) para que sejamos realistas ao amar o que não vemos.

Sinceramente, eu sou uma daquelas pessoas que em algum momento de sua vida, diziam não ter pecados, mas quando olhamos um pouco mais de perto a vida que Jesus levou nessa terra, vemos que pecados é o que mais temos e, por isso, talvez precisemos pedir muito mais perdão para as pessoas do que temos pedido.

E, fazendo o caminho ao contrário, estar em Cristo é seguir seu exemplo, seu modelo onde quer que estejamos e em todos os momentos. Se Deus é Deus independentemente de qualquer coisa, então somos seus filhos amados independentemente de qualquer estado e, se estar em Cristo é ser seus imitadores, nos tornamos mais agradáveis a Deus e chamamos sua atenção.

Lembra que quanto mais próximos de alguém, melhor e mais fácil é de que essa pessoa nos ouça? Sermos mais agradáveis a Deus é nos colocar nesse lugar favorável para que ele nos ouça.

Enfim, costumo dizer de que conhecemos os pais pelos filhos e se Jesus é relatado nas escrituras com tanta mansidão e autoridade ao mesmo tempo, temos um longo caminho para conhecer um pouco mais a Deus e termos nossas orações mais assertivas.

Encerro aqui com as seguintes palavras do evangelho de Jesus Cristo, segundo João, capítulo 15, versículo 10.

'Se guardardes os meus mandamentos, permanecereis no meu amor, do mesmo modo que eu tenho guardado os mandamentos de meu Pai e permaneço no seu amor. '

A comunicação na bíblia

'Não deixem de fazer o bem e de ajudar uns aos outros, pois são esses os sacrifícios que agradam a Deus.' Hebreus 13:16

Quando preparamos algum material sobre a bíblia, nos deparamos com as diferenças entre as diversas traduções, e para a construção deste livro não foi diferente.

Mas isso é muito bom, até porque pode nos ajudar a entender textos que, em uma tradução podem ser mais complexos do que em outras. Até me pergunto, como seria se a bíblia fosse escrita em uma linguagem bem mais popular. Será que perderia sua essência ou se tornaria mais acessível em termos de entendimento? É para se pensar.

Mas, voltando à nossa motivação para a produção deste livro, o trecho bíblico base deste capítulo, fala de ajudar uns aos outros, o que para alguns de nós em determinadas condições, seria um verdadeiro sacrifício.

No capítulo anterior, falamos sobre seguir os exemplos que Jesus nos deixou ao passar por essa terra e, quero ir mais longe sobre isso. Quando estudamos estilos de comunicação na PNL (Programação Neurolinguística), vemos que há grupos de pessoas que se comunicam melhor de uma certa maneira, como por exemplo com o emprego de recursos visuais, auditivos e assim por diante, além dos mais críticos, que querem evidências de tudo, isso falando de maneira bem básica.

Talvez, Deus em sua infinita sabedoria tenha tentado atender a todos esses perfis, até porque Ele fez sinais e prodígios, mandou Jesus que morreu e ressuscitou, e só posso dizer que por toda a história da humanidade a palavra chave foi "comunicação", a mesma que foi bilateral no início e depois se quebrou, tornando-se unilateral, mas que até hoje buscamos arduamente reavivar.

E, com base no versículo acima, fazer o bem e ajudar aos outros, significa muito mais do possamos pensar. Vejamos o mesmo versículo, porém na versão Almeida Revista e Corrigida (ARC):

'E não vos esqueçais da beneficência e comunicação, porque, com tais sacrifícios, Deus se agrada. '

Essa é uma versão mais tradicional, ou mais próxima do original do que a anterior e no lugar de ajudar aos outros utiliza a palavra "comunicação" como algo de que Deus se agrada.

Quando falamos sobre comunicação eficaz, falamos de usar as palavras certas, na medida apropriada e no momento certo. Por exemplo, hoje em dia, com tantas mensagens de texto sendo trocadas pela população brasileira e talvez mundial, surge a preguiça de se digitar tudo o que precisa ser dito, dando espaço às más interpretações e aos problemas gerados pela comunicação ruim.

Analisando o panorama de hoje nos relacionamentos dos mais diversos tipos, podemos ver que a maioria dos problemas que vivemos, teve uma motivação linguística e, talvez ajudar aos outros nesse caso, seja exercer ou desenvolver um amor ao próximo tão grande que não tenhamos preguiça em comunicar tudo aquilo que precisa ser comunicado.

Talvez a palavra comunicação aqui, esteja repleta de paciência para explicar dez vezes uma mesma coisa para uma pessoa, na esperança de que ela não erre ao fazer o que foi dito e é esperado dela.

Talvez a palavra comunicação esteja aqui para se referir ao ouvir o outro quando ele só precisa disso, ao invés de evitar as pessoas e tirar suas poucas opções de se aconselhar ou desabafar até que elas explodam.

Talvez a palavra comunicação esteja aqui para lembrar que ouvir ou falar com quem não queremos, seja um sacrifício agradável a Deus que se alegra em ver seus filhos fechando as brechas e rejeitando as oportunidades que o inferno dá para piorar as situações na sociedade.

Talvez a palavra comunicação tenha sido colocada aqui para lembrar aos pais que devem ouvir seus filhos antes de se colocar à disposição da assembleia, e para os maridos e esposas que nem se conversam mais, fazerem o bem dentro de suas casas antes de pensarem em fazer algo para os de fora.

E por fim, comunicação com Deus a favor dos irmãos, afinal nossa oração não pode ser egoísta, até porque o maior comunicador e coach que passou por essa terra chama-se Jesus Cristo, o qual era simples e eficaz no seu falar.

E se nossas palavras forem palavras de vida, nossas conversas serão retas, afinal são assim as conversas dos sábios, lembra?

Finalizo este capítulo do livro com um trecho de Hebreus, que está no capítulo 13, versículos 20 e 21, desejando que essas palavras sejam guardadas em nossos corações:

'Deus ressuscitou o nosso Senhor Jesus, que, por causa da sua morte na cruz, é o Grande Pastor do rebanho. E é por meio do sangue de Jesus que a aliança eterna é selada. Que o Deus de paz lhes dê tudo de bom que vocês precisam para fazer a sua vontade. E que ele, por meio de Jesus Cristo, faça

em nós tudo o que lhe agrada. E a Cristo seja dada a glória para todo o sempre! Amém!'

Saber ouvir e falar

'Lembrem disto, meus queridos irmãos: cada um esteja pronto para ouvir, mas demore para falar e ficar com raiva.' Tiago 1:19

Até aqui, tentamos deixar bem claro que quanto mais conhecermos nosso interlocutor, melhor será nossa comunicação com ele, até porque isso tornará nossa comunicação tão eficaz a ponto de sabermos a melhor forma de aproveitar nossa comunicação com essa pessoa.

Que ótimo seria ter comunicação eficaz com o próprio Senhor e Deus, de modo que ele nos ouvisse e nos respondesse na mesma intensidade e velocidade que o nosso próximo mais próximo e, quem sabe talvez um dia cheguemos a este nível, não que muitos de nós já não tenham chegado.

Quero acreditar que o dia em que isso ocorrer, estaremos prontos para receber tanto os "Sim" como os "Não" da parte dele, com a mesma maturidade e inteligência, permitindo que a sabedoria cresça dentro de nós cada vez mais.

Mas, a verdade é que talvez um dos maiores bloqueios de nossa vida espiritual e, consequentemente para nossa vida pessoal, seja a imaturidade expressa de diversas maneiras por nós.

Podemos encontrar o versículo base desse capítulo em outras traduções citando *"...tardio para falar, tardio para se irar...",* e esse é um ponto de qualquer comunicação que exige uma certa maturidade e inteligência emocional de nossa parte.

A coisa fica ainda pior, quando oramos e não somos atendidos, ao menos não como esperávamos e começamos a blasfemar contra Deus, como no exemplo que dei em um dos capítulos anteriores, tratando a Deus como uma Jukebox.

O amor de Deus por nós é tão grande que Ele se reserva ao direito de não atender algumas de nossas orações para que não nos percamos, embriagados em nossos cegos desejos.

Já pensou se Deus tivesse atendido metade das coisas que já pedimos à Ele? Certamente, nem estaríamos mais aqui, ou até estaríamos, mas remoendo uma culpa por pedir que não devíamos ter pedido.

A maturidade da fé, consiste também em saber ouvir tanto o "Sim" como o "Não" e, no caso de nossos relacionamentos pessoais, em saber ouvir o que o outro diz, de preferência sem nossos costumeiros julgamentos.

Isso quer dizer que, precisamos entender que um dia estressante, pode levar um amigo a ser ríspido conosco como nunca o foi, além de que saber identificar que as vezes as pessoas não estão bem para interagir conosco, nos auxiliará a entender cada comportamento alheio.

Embora entender o outro seja vital para nossos relacionamentos, se fazer entender também é importante, como por exemplo não esperar que os outros adivinhem o que estamos passando ou sentindo e isso também requer saber falar, pois nem tomo mundo entende quando dizemos que não estamos bem e podem iniciar um problema adicional.

O versículo 20 desse mesmo capítulo do livro de Tiago, nos diz o motivo pelo qual devemos saber segurar nossas palavras e nossa ira. Ele nos ensina que, a ira do homem não coopera em nada para a justiça de Deus, ou seja, não são as nossas indignações que mudarão as situações e nem tampouco nossos gritos.

Aliás, por falar em gritos em uma comunicação, é válido dizer que eles não trazem nenhum conteúdo e apenas aqueles que não possuem argumentos, abusam do volume de voz e exaltação de ânimos para suprir uma lacuna que somente o argumento poderia preencher.

E aqui podemos voltar a falar novamente da sabedoria, porque se a tivermos em um mínimo que seja, saberemos quando falar e quando nos calar e, principalmente, reconhecer que Deus pode nos dizer um belíssimo "Não" para nos livrar de algo que seria uma grande maldição para nossas vidas, afinal nada foge a seu controle.

E já que quando estamos em Cristo, agradamos ao Pai que está nos céus, devemos levar em consideração o que está descrito no livro de Romanos, capítulo 8, versículo 28:

'E sabemos que todas as coisas contribuem juntamente para o bem daqueles que amam a Deus, daqueles que são chamados por seu decreto.'

Talvez seja redundante dizer que devemos acreditar de todo o coração nisso, até porque aquela vaga de emprego que não ocorreu, aquele negócio que não foi concretizado e aquele relacionamento que nem começou, podem ter sido uma demonstração de amor tão grande da parte de Deus para nós, e a nossa parte em tudo isso é apenas descansar na presença dele e confiar ao invés de fazer toda aquela birra que normalmente fazemos.

E os próximos dois versículos (21 e 22) do capítulo 1 do livro de Tiago, trazem uma riqueza ainda maior para o nosso coração e para a nossa fé. Vejamos:

'Pelo que, rejeitando toda imundícia e acúmulo de malícia, recebei com mansidão a palavra em vós enxertada, a qual pode salvar a vossa alma. E sede cumpridores da palavra e não somente ouvintes, enganando-vos com falsos discursos. '

Você certamente já se deparou com pessoas que até parecem te ouvir, mas no fundo, estão tratando nossas palavras como diz o ditado, entrando por um ouvido e saindo pelo outro.

É assim que nos parecemos quando apenas ouvimos a palavra de Deus sem permitir que ela cause mudanças significativas dentro de nós, e pior que isso, é achar que estamos agradando a Deus com a atitude de apenas ouvir, como se estivéssemos fazendo um favor a Ele.

É óbvio que se ouvimos por ouvir, também falaremos por falar, ou seja, teremos um falso discurso e nos perderemos cada vez mais daquilo que deveríamos nos tornar.

Perceba que até aqui eu usei várias vezes as palavras "deveríamos" e "devemos", mas não quero dizer que a usei no sentido que temos obrigação de acreditar, ser ou fazer algo. Temos o livre arbítrio e podemos realizar escolhas, mas, o sentido dado a estas palavras aqui é de que não há atalhos para se chegar a Deus, mas há caminhos muito mais longos e rotas que nunca chegarão até ele.

Se queremos realmente ter uma oração de qualidade e um coração mais agradável a Ele, é bom que busquemos conhecê-lo cada vez mais, buscando adquirir a sabedoria junto a Ele e nos assegurando que as experiências que Ele nos permite ter, nos enriqueçam cada vez mais.

Gosto de repetir até para mim mesmo, o que nos diz o livro de Provérbios, capítulo 10, versículo 13:

'Nos lábios do sábio se acha a sabedoria, mas a vara é para as costas do falto de entendimento. '

A melhor rota para o coração de Deus, não é feita apenas de flores e devemos saber disso, mas outros caminhos terão muito mais espinhos e se não tivermos a inteligência necessária para evitá-lo, seremos o falto a receber os golpes da vara nas costas, e o pior, por escolha própria.

E se analisarmos de maneira inversa essa informação, veremos que para obter sabedoria é necessário temer o Senhor, mas não um temor de medo e pavor, mas um temor santo que acalma o coração quando pensamos antes de fazer ou dizer qualquer coisa e, não há uma demonstração maior de respeito a Ele do que seguir os passos de seu Filho unigênito e Senhor Nosso, Jesus Cristo.

Linguagem não verbal na oração

> *"Por esta causa, me ponho de joelhos diante do Pai, de quem toma o nome toda família, tanto no céu como sobre a terra, para que, segundo a riqueza da sua glória, vos conceda que sejais fortalecidos com poder, mediante o seu Espírito no homem interior." Efésios 3:14-16*

Quando falamos em comunicação eficaz, falamos também da linguagem não-verbal, a qual envolve posturas e gestos principalmente, que complementam o conjunto dos recursos para uma boa comunicação.

Porém, é importante lembrar que, não estar numa postura favorável, não significa que nossa oração não será ouvida, mas, se estamos falando de sermos o mais agradáveis possível a Deus, também precisamos saber que não devemos ficar diante dele de qualquer forma.

Paulo diz que se ajoelha diante do Pai e o reconhece nas palavras seguintes pelo seu verdadeiro nome e pela riqueza de sua Glória, além de tudo o que Cristo representa para nós.

O que vemos aqui, é que Paulo se ajoelha diante de alguém grandioso e, ao ler o capítulo todo, ele nos deixa a impressão de que não poderia se achegar a ele de uma outra forma.

Se colocarmos a palavra "joelho" numa pesquisa rápida pela bíblia, vamos ver que às vezes eles são citados como artefatos de sustentação do ser humano e, nesse caso, dobrar os joelhos diante de Deus seria o mesmo que reconhecer a Ele como o único que pode nos manter de pé, além de nossa dependência de sua Graça em nossas vidas.

Outras citações estão ligadas diretamente com a oração e isso é um claro sinal de reverência, afinal não estamos falando com qualquer um. Algumas igrejas mais tradicionais pregam em sua doutrina aos seus fiéis que todos os momentos de oração e adoração, devem ser feitos de joelhos, exatamente por entenderem que diante do Senhor, deve-se portar com reverência.

Eu sei que existem pessoas em nosso meio que acham isso uma religiosidade sem tamanho e respeito sua opinião, mas sendo pai, se uma de minhas filhas chegasse a mim falando da mesma forma como fala com as amigas dela na rua, certamente não teria de mim uma prontidão em atender sua solicitação ou ao menos disposição para ouvir de forma integral, justamente por entender que isso é uma forma de faltar com o respeito.

Da mesma forma, eu jamais falaria com meu pai da forma como converso com meus amigos, até porque não me sentiria muito bem em fazer isso e, vice-versa. Já pensou se eu pedisse a benção para um amigo que tenha crescido comigo? Seria uma coisa um tanto quanto louca para o entendimento de ambos.

Precisamos saber colocar cada coisa em seu devido lugar, e assim desfrutar dos benefícios que isso pode nos trazer.

Antes de dar o próximo exemplo, quero dizer aqui que se trata de exemplos e não de críticas a quem tem o hábito de se comportar diante do Senhor de uma outra forma, afinal cada um tem lá a sua intimidade com o Senhor.

Mas meu último exemplo sobre isso, são as pessoas que gostam de orar sentadas em seus lugares ou deitadas em suas camas. Partindo do pressuposto que Deus nos deu saúde o suficiente para nos colocarmos bem diante dele, por que cargas d'água oraríamos em uma posição tão preguiçosa?

No livro de Êxodo, capítulo 17, versículo 11, vemos um exemplo muito interessante sobre postura durante um tipo de oração.

"Quando Moisés levantava a mão, Israel prevalecia; quando, porém, ele abaixava a mão, prevalecia Amaleque."

Moisés estava intercedendo a Deus por Israel, é não há como orar pedindo forças a Deus em uma batalha seja ela qual for, se não usarmos nossos braços para profetizar a vitória.

Eu não sei vocês, mas quando penso que não faço o que eu poderia fazer para chamar a atenção de Deus, me dá a impressão de que nos assemelhamos aqueles que somente esperam receber sem muito esforço, ou que não fazem o mínimo para acontecer.

Há pessoas que levantam seus braços tão alto diante de um assaltante, mas que ignoram a capacidade de seu corpo para louvar a Deus como tudo o que somos e temos.

Enfim, se aqui na terra não nos apresentaríamos de qualquer forma diante de qualquer autoridade como um juiz em uma audiência, por exemplo, certamente também não devemos nos apresentar de qualquer forma diante daquele que constituiu todas as autoridades sobre nós.

E se o nosso melhor não tem sido para Ele, o que há de diferente em nós para que sejamos filhos agradáveis, segundo o Seu olhar? Se sua resposta para isso é a fé, lamento lhe dizer que até os demônios têm fé em Deus, e é por isso que nossa fé não nos diferencia deles.

Quando nos casamos, por exemplo, normalmente nos vestimos com roupas de gala, passamos nosso melhor perfume e até arrumamos o cabelo e a barba, tudo isso para ficar diante de um juiz, um padre ou um pastor e também para ficar bem nas fotos depois, mas nem pensamos que quando nos casamos diante do altar do Senhor, nossa primeira motivação em nos arrumar, deveria ser para Ele, afinal estamos buscando sua benção como um precioso presente para essa ocasião.

Não importa o quão pobres sejamos, nem o quão simples estivermos, mas se entendermos quão grande é o nosso Deus, saberemos que o nosso melhor por mais simples que seja, será sempre uma oferta agradável a Ele.

Não pecar durante a ira é uma escolha

'O entendimento do homem retém a sua ira; e sua glória é passar sobre a transgressão.' Provérbios 19:11

Uma das coisas que mais me fascinam quando viajo de avião, é quando o comandante informa que estão iniciando o procedimento descida. Acho fantástico que esse procedimento comece bem antes do ponto final e fico imaginando que aquele pouso perfeito começa muito antes do que imaginamos.

Somente o piloto, seu copiloto e os operadores de radares espalhados em ponto estratégicos, sabem o que está acontecendo e somente eles sabem a velocidade da aeronave, a altitude a cada quilômetro percorrido e a distância exata de outras aeronaves, tudo isso enquanto os passageiros apenas apreciam a viagem.

Não tenho pretensão de ser tão perfeito como esses profissionais, mas quero informar que iniciamos o nosso procedimento para conclusão da leitura desse livro, e desejo que tenhamos uma sensação tão agradável ao terminá-lo, quanto temos ao pousar tranquilamente ao término de uma viagem aérea.

Ao ler o trecho bíblico base desse capítulo do livro, podemos encontrar em outras traduções a palavra entendimento trocada por sensatez, indicando que a pessoa sensata é aquela que controla seu gênio e não se entrega a ira e, confesso que me senti tentado a escrever que não se entrega a ira facilmente, mas percebi que ser sensato deve ser algo constante e que talvez o melhor seja acreditar que a pessoa sensata se entrega a ira raramente, até porque nossa parte humana está sempre disputando espaço com a parte espiritual e como seres humanos que se cansam, às vezes ela ganha.

E quando começo a olhar para este versículo de perto, percebo que ele tem um duplo sentido bem interessante, porque poderíamos nos referir a uma outra pessoa no sentido de instruí-la dizendo que seria muito bom que ela optasse pela sensatez e buscasse o entendimento das coisas para ser hábil em reter sua ira.

Mas também pode ser uma autoafirmação, onde nos referimos a nós mesmos como pessoas que precisam ser mais sábias em reter sua ira.

Independente de nos referirmos a nós mesmos ou aos outros, devemos reter nossa ira porque isso é uma atitude sábia, sem falar que ainda temos a segunda parte que se refere à perdoar quem nos ofende.

Lembra de quando Jesus ensinou os discípulos a orar durante o sermão da montanha em Mateus 6? No versículo 9 ele nos ensina a oração do Pai-Nosso, mas no versículo 12, ele nos lembra que devemos pedir ao Pai que nos perdoe na mesma medida que nós perdoamos.

Você já perdoou hoje? Talvez aquele peso que faça seus sorrisos ficarem amarelos e se sentir com o peito dolorido e com o coração pesado, seja esse perdão represado em seu interior pedindo para ser liberado.

Bom, se temos uma mentalidade cristã e maturidade em nossos sentimentos e em nossa fé, já temos ao menos uma ideia do que fazer para agradar a nosso Pai que está nos céus e, saber perdoar é uma dessas coisas, até porque se Deus resolver nos perdoar na mesma medida em que nós perdoamos, coitados de nós.

Retomando nosso versículo original em provérbios 19:11, sabemos então que na segunda parte o conselho é perdoar aos que nos ofendem, algo que qualquer um pode fazer, mas perdoar a quem nos ofendeu e ir embora sem deixar que a ira nos direcione, só mesmo com muita sabedoria.

Sabe aquela fechada no trânsito em que nossa arrogância nos leva a nos dependurar na tal da razão? Pois é. É aí que falamos palavras desagradáveis, discutimos com o outro e damos início a um problema que poderia ter sido evitado se tivéssemos apenas nos desculpado ainda que tendo razão e perdoado a outra pessoa.

Até mesmo para os casais, quantas são as vezes que ficamos batendo o pé para ter razão ao invés de paz? Talvez fosse mais sensato se desculpar ainda que sem culpa e ir dormir de conchinha ao invés de desobedecer a palavra que nos ensina a não deixar que o sol se ponha sobre nossa ira.

Agora, pense comigo sobre uma coisa: se somos filhos de Deus e maltratamos nossas esposas, poderemos arranjar um problema danado se elas decidirem aplicar a oração eficaz sobre isso para falar com o Pai que, é o nosso sogro. Sim, Deus nos deu uma de suas filhas em casamento e isso faz dele, de certa forma, nosso sogro e como pai, me incomodaria ver minhas filhas sofrerem.

E o mesmo ocorre com as mulheres que não honram nem auxiliam seus maridos na caminhada espiritual e até mesmo em seu cotidiano compartilhado como casal. Já pensou se o marido aplicar os princípios da oração eficaz sobre isso?

Em ambos os casos, se Deus é o Pai de cada um, também é o sogro de cada um e, se sendo pais já queremos proteger e livrar nossos filhos de todos os males, imagina sendo sogro além disso.

Outro ponto importante e que já falamos aqui, é o que lemos no versículo 22 do capítulo 1 do livro de Tiago, uma verdadeira riqueza para o nosso coração e para a nossa fé. Vejamos:

'E sede cumpridores da palavra e não somente ouvintes, enganando-vos com falsos discursos.'

Acredito que seria um falso discurso pedir a Deus em nossas orações que nos perdoe assim como perdoamos aos que nos ofendem, se em nossa mente esperamos algo muito maior do que está em nossos corações.

Quando eu era menino na fé, eu determinava um período do ano para ligar para todas aquelas pessoas que tivessem feito algo que tivesse me magoado em algum momento e que tivesse nos afastado de alguma forma.

À medida em que fui amadurecendo, entendi que isso deveria ser feito o mais rápido possível e que eu deveria ter essa mesma sensibilidade o ano todo.

Hoje, enquanto escrevo este livro, enfrento junto com a humanidade o isolamento social causado pelo COVID-19, e não podemos estar junto das pessoas que amamos, nos limitando a falar por telefone e chamadas de vídeo.

Penso que esse é o melhor momento para se perdoar e para se receber perdão, afinal é um momento tão difícil em que as pessoas precisam se sentir amadas, importantes de alguma maneira e, apesar de ser um belo gesto, há mais sabedoria em pegar o telefone para conversar com quem te magoou e perdoar mutuamente neste momento, do que esperar por um momento ideal.

Lembre-se que pela fé, cremos que haverá um amanhã que pode não vir, assim como esperar pelo sol que pode dar lugar a chuva, até porque apenas usamos emprestado o dia que Deus nos concede e devemos fazer nosso melhor a cada um deles, para que não sejamos cobrados pelo que deixamos de fazer.

Quero finalizar esse capítulo falando de um trecho que está no livro de Mateus, capítulo 18, versículos 21 e 22. Vejamos a seguir:

'Então, Pedro, aproximando-se dele, disse: Senhor, até quantas vezes pecará meu irmão contra mim, e eu lhe perdoarei? Até sete? Jesus lhe disse: Não te digo que até sete, mas até setenta vezes sete. '

Aqui Pedro, o personagem mais casca grossa do novo testamento na minha opinião, pergunta a Jesus quantas vezes devemos perdoar nosso irmão e, Jesus já conhecendo seu discípulo, dá uma resposta que nos faz entender não haver limites para se perdoar.

Um coração que não sabe perdoar é um coração incompleto, funcionando parcialmente e como podemos dizer que amamos a um Deus que não vemos, se não conseguimos amar e perdoar nosso irmão que vemos, tocamos e até sentimos de tão perto que ele está?

Se tomarmos nesse momento a decisão de viver em paz com tudo e com todos, até mesmo com aqueles que não querem isso, se mantivermos a casa do Espírito Santo de Deus limpa e organizada, certamente que ele entrará e permanecerá ali por prazer, porque mais do que qualquer pai na terra se compraz em ter um bom filho por perto, o nosso Pai que nos vê dos céus se compraz em que façamos a sua vontade.

"Porque assim é a vontade de Deus, que, pela prática do bem, façais emudecer a ignorância dos insensatos." 1Pedro 2:15

A base do sucesso é a sabedoria

'Feliz é a pessoa que acha a sabedoria e que consegue compreender as coisas, pois isso é melhor do que a prata e tem mais valor do que o ouro.'
Provérbios 3:13-14

Até aqui, já descobrimos que uma oração eficaz, depende muito mais de como estamos ao nos dirigir a Deus, do que as palavras que usamos.

Vamos recapitular algumas coisas para mantermos vivas dentro de nós estas informações.

- Precisamos buscar conhecimento sobre a palavra de Deus;
- Precisamos conhecer melhor a Deus para melhor se dirigir a Ele;
- Ter sabedoria é essencial para uma boa oração;
- A inteligência é a habilidade de manusear o conhecimento, o que nos remete à sabedoria;
- A premissa para obter sabedoria, é ter um temor santo de Deus;
- Quanto mais buscarmos ser a semelhança de Cristo, mais nos aproximamos de Deus;
- O melhor é estar pronto para ouvir e tardio para falar;
- Comunicar-se é uma maneira de ajudar a outros e um sacrifício agradável a Deus em alguns casos;
- Devemos ser sábios para domar nossa ira e prontos a perdoar;

Basicamente falando, se desejarmos a sabedoria e pedirmos a Deus como a palavra nos ensina a fazer, tão logo Ele mesmo nos proporcionará o entendimento necessário da palavra e das experiências pelas quais passarmos, nos levando a uma sabedoria que nada nesse mundo poderia nos dar.

Ser sábio é uma virtude, um dom se preferir definir assim, mas agir com inteligência é saber colocar em prática tudo aquilo que aprendemos. A sabedoria é tão importante em nossas vidas que ela aparece muitas vezes na bíblia. Não encontrei um consenso sobre a informação, mas dependendo da versão cerca de 160 vezes, sendo boa parte delas no livro de provérbios. Algumas pessoas afirmam que a palavra sabedoria aparece mais de 200 vezes.

Como não encontrei uma fonte única e segura sobre esse número, acredito que sabedoria deva estar próxima em termos de números da palavra misericórdia, com 365 ocorrências na bíblia.

Quando li no livro de provérbios, capítulo 3, versículos 13 e 14 pela primeira vez, me lembrei da história hipotética de homem que é muito rico e que, após ser sequestrado, levado uma surra e ficado sem nenhum de seus bens, sendo ainda deixado dentro de um buraco por dias, sem água nem comida, sai de lá e recupera tudo o que perdeu se reerguendo de sua queda.

O homem desse exemplo é um homem sábio certamente, até porque se a riqueza dele estivesse em seus bens, ele teria entrado em depressão, teria passado o resto da vida mendigando pão e praguejando as pessoas que o levaram a este estado.

Ou seja, sem sabedoria, ele teria utilizado o que lhe restou de forças para terminar de se afundar, porém nesse exemplo, o sábio se levanta e dá continuidade à sua vida. Durante minha vida, conheci pessoas assim, que depois de perderem tudo, tiveram a sabedoria necessária para se levantar e recomeçar.

Onde estiver o nosso tesouro, lá também estará o nosso coração (Mateus 6:21), lembra?

Muitos de nós compram suas casas depois de um grande sacrifício e, imagine se tivéssemos que fugir na calada da noite sem levar nada, deixando todas nossas conquistas para trás, em virtude de uma guerra repentina, por exemplo.

Seríamos pessoas que passariam o restante de nossas vidas choramingando pelo que foi perdido, ou sábios cuja sabedoria é seu maior tesouro?

A maioria das pessoas que ficaram famosas por terem recebido uma boa soma em dinheiro através de algum prêmio, perdeu todo o dinheiro em pouquíssimo tempo e atingiram um estado de pobreza pior que o que viviam antes de ficarem ricas.

Esse é um exemplo muito clássico da falta de sabedoria e de onde estavam os seus corações. Não há nada de errado em ser rico, mas ter sabedoria para gerenciar essa riqueza é mais do que essencial.

Por fim, quero ler um trecho que está no livro de Eclesiastes, capítulo 7, versículo 9:

'A sabedoria pode fazer mais por uma pessoa do que dez prefeitos juntos podem fazer por uma cidade. '

Nem precisamos ir muito longe para saber que obter a sabedoria de Deus em nossas vidas, é o mesmo que obter o seu favor sobre tudo aquilo que se refere a nós, e é certamente o maior presente que ele poderia nos dar.

Indo um pouco mais além, eu diria que munidos de sabedoria, nos tornamos instrumentos hábeis para ser utilizados por Deus em seus diversos planos para nós e nossos irmãos.

Com muitas riquezas podemos muitas coisas, mas com sabedoria, além de podermos muito mais, saberemos

desfrutar e manter cada uma de nossas conquistas, além de
que outras pessoas também serão beneficiadas com isso.

Componentes da comunicação na oração

> *'Raça de víboras, como podeis falar coisas boas, sendo maus? Porque a boca fala do que está cheio o coração.' Mateus 12:34*

Em Comunicação Eficaz, dizemos que para haver comunicação precisamos de ao menos três itens que são um emissor da mensagem, um receptor desta mensagem e um meio de transmissão que seja adequado para esta mensagem trafegar.

Também comento que um quarto item é importante nesse conjunto que é a linguagem comum para ambas as partes.

Se trouxermos essa realidade para o contexto que estamos estudando aqui, saberemos que a qualidade do que é transmitido em nossa oração, tem sua origem em nosso coração.

O trecho bíblico base desse capítulo nos ensina que nossa boca fala do que nosso coração está cheio, e não há uma outra forma de se encher de coisas boas, se não for através de um profundo relacionamento com Deus.

Em Romanos 10, versículo 17, lemos o seguinte:

> *'E, assim, a fé vem pelo ouvir, e o ouvir, pela palavra de Cristo.'*

Por muito tempo, lemos esta palavra de forma errada, porque não se trata exclusivamente de ouvir a palavra de Deus para se ter fé, e sim em ouvir as coisas através da palavra de Deus, o que muda todo o contexto que tornava conveniente se colocar numa posição de ouvinte da palavra sem dar a ela nenhuma aplicação.

Isso é o mesmo que nos deixar ser moldados pela palavra de Deus, permitindo que ela caia sobre o solo de nossos corações e cresça, chegando a dar bons frutos.

Sendo assim, garantimos a qualidade da mensagem que será transmitida, até porque se nosso coração estiver repleto de coisas boas, seremos razoáveis em nossas petições.

Outro ponto, é o meio de transmissão usado para essa mensagem chegar a seu destino e, acho muito difícil estarmos numa sintonia perfeita com Deus, se não estivermos em dia com o Espírito Santo.

Na primeira carta de Paulo aos Coríntios, contemplamos no capítulo 6, versículo 19, as seguintes palavras:

Será que vocês não sabem que o corpo de vocês é santuário do Espírito Santo, que está em vocês e que vocês receberam de Deus, e que vocês não pertencem a vocês mesmos?

Se formos à fundo, veremos que existem muitas formas de profanar o templo do Espírito Santo, inclusive através das palavras que saem de nossas bocas, afinal quanto menos de Deus em nós, mais haverá de nosso instinto.

Em Mateus capítulo 15, versículo 11, está bem claro que devemos cuidar da qualidade das palavras que proferimos:

'não é o que entra pela boca o que contamina o homem, mas o que sai da boca, isto, sim, contamina o homem'

Um complemento da Comunicação Eficaz é a comunicação positiva ou não violenta, uma área que zela por palavras, termos e expressões que exprimam com maior intensidade uma genuína intenção de ser mais agradável com as pessoas que interagimos.

Então se entendemos que devemos cuidar de nossa boca para que ela não profira palavras de morte ou maldição, entendemos que as boas palavras refletem os bons sentimentos e bons conteúdos e isso certamente atrairá a presença do Espírito Santos em nossas vidas, aliás sem essa presença seria difícil de continuarmos existindo sobre essa terra.

E em relação a linguagem, qual seria a linguagem ideal para falarmos com Deus? Garanto que falar palavras difíceis durante a oração, principalmente no meio dos irmãos, traz consigo uma certa impressão de status, mas se não for de coração puro e aberto, serão apenas palavras.

No livro de Salmos, capítulo 12, versículo 6, temos uma breve descrição das palavras de Deus:

'As palavras do SENHOR são palavras puras, prata refinada em cadinho de barro, depurada sete vezes.'

Certamente que nossas palavras não poderiam ter essa mesma qualidade, mas se elas saem de nosso coração e ele está em sintonia com Deus, certamente já terão sido refinadas o suficiente para serem agradáveis à Ele.

E aqui, reforço o entendimento que tanto faz se sabemos falar difícil ou não, porque assim como a todo instante estamos emitindo um tipo de mensagem, independente do que fazemos ou dizemos, assim é com Deus que deseja apenas o acesso a nosso coração.

Mas, e quando não souber o que orar? Como seria nossa comunicação com Deus?

Ele é tão perfeito, que quando não sabemos o que orar e não sabemos o que dizer em nossas orações, como está escrito em Romanos, capítulo 8, versículo 26:

'Também o Espírito, semelhantemente, nos assiste em nossa fraqueza; porque não sabemos orar como convém, mas o

mesmo Espírito intercede por nós sobremaneira, com gemidos inexprimíveis.'

E como podemos ver, Deus deixou tudo o que precisamos para nos comunicar de forma eficaz com ele, ao nosso alcance e basta uma decisão para ter acesso a tudo isso: de entregar a Ele o nosso coração.

Mas, se por algum motivo você se sente indigno ou que seu coração precisa ser purificado de tanta maldade e coisas ruins que colocou nele, não se preocupe, pois, te dou dois motivos para que você escolha mudar a rota de sua vida:

Mateus 11:28 - *Vinde a mim, todos os que estais cansados e sobrecarregados, e eu vos aliviarei.*

Não importa como você está nesse momento, pois Deus te chama do jeito que você está e não espera que você mude para ser aceito por ele. Essa mudança é Ele mesmo que fará em você, se você o aceitar e assim o permitir que Ele faça.

O segundo motivo é que você pedir a Ele para fazer a mudança que você mesmo, com suas capacidades não pode fazer, conforme lemos em Salmos 51:10:

'Cria em mim, ó Deus, um coração puro e renova dentro de mim um espírito inabalável.'

Por fim, se o Deus ao qual nos referimos é um Deus de amor, não haveria uma outra forma de comunicação da parte dele conosco que não fosse através deste mesmo amor.

A disciplina na oração

'Orai sem cessar. Em tudo, dai graças, porque esta é a vontade de Deus em Cristo Jesus para convosco. Não apagueis o Espírito.' 1 Tessalonicenses 5;17-19

Normalmente, quem trabalha fora, sabe que temos alguns complicadores para o nosso propósito no ambiente de trabalho, como por exemplo, os companheiros de trabalho que nos convidam para almoçar ou para tomar um café e conversar.

Certa vez, eu estava em um período de jejum e um colega me chamou para almoçar, ao que eu respondi que não iria almoçar naquele dia. A pessoa começou a me questionar, fazendo perguntas que estavam me obrigando a dizer que eu estava em um jejum.

Logo após obter a resposta, ela ainda me questionou se estava acontecendo algo para que eu fizesse algo do tipo e, mais uma vez, tive que pedir sabedoria para Deus para responder aquele questionamento com toda graça.

Então eu respondi que não oferecemos um jejum a Deus somente quando temos uma causa específica, mas principalmente para mantermos a proximidade com Ele, afinal no dia da necessidade, os que estiverem mais próximos têm uma chance maior de serem assistidos por Ele.

E essa resposta serviu para essa pessoa e para mim, porque eu nunca mais me esqueci dessas palavras e, embora tenha passado por muitas coisas desde então, eu sempre tentei manter uma constância das minhas orações.

Paulo deixa um precioso conselho em 1Tessalonicenses, capítulo 5, versículos 12 ao 22, mas sempre nos fixamos apenas em "orar sem cessar".

Lembra de quando falei sobre a linguagem não-verbal? Sim, nossos exemplos através de nossas atitudes, enviam mensagens constantemente para quem nos observa e somos observados constantemente por Deus.

Quando eu era criança, eu achava que se eu ficasse debaixo das cobertas, ninguém poderia me encontrar e isso incluía a Deus, mas logo que me faltava o ar eu me descobria.

Aprendo com isso, que seria impossível viver fora do alcance de Deus, pois isso é possível se fizermos todas as escolhas erradas que pudermos fazer, mas o grande problema é que logo nos faltaria vida e teríamos que tomar uma decisão: viver de forma precária sem a graça de Deus ou reconhecer que precisamos recalcular a rota e voltar ao caminho.

E já que Deus nos observa o tempo todo, seria tão bom que Ele nos achasse *"acatando com apreço os que trabalham entre nós e os que vos presidem no Senhor e nos admoestam; e que os tendo com amor em máxima consideração, por causa do trabalho que realizam, vivendo em paz uns com os outros"*.

Ou ainda *"admoestando os insubmissos, consolando os desanimados, amparando os fracos e sendo longânimos para com todos, evitando que alguém retribua a outrem mal por mal, seguindo sempre o bem entre nós e para com todos, sempre nos regozijando e orando sem cessar".*

Finalizando minha transcrição das palavras de Paulo, destacando que nossa vida seria uma oração constante se *"em tudo, dermos graças, tão e somente porque esta é a vontade de Deus em Cristo Jesus para convosco, não apagando o Espírito, nem desprezando as profecias, julgando todas as coisas, e retendo o que é bom nos abstendo de toda forma de mal".*

Será que nossas posturas e palavras nos aproximam ou nos afasta de Deus? Como seria impossível orar sem cessar, precisamos entender que nossa vida pode ser essa oração, complementando os momentos em que abrimos nossos corações à Deus.

E lembre-se também, de que quando iniciamos nossas orações pela gratidão que temos para com Deus, estamos sendo transparentes em reconhecer sua magnitude em nossas vidas, afinal pedir e não ser grato por nada, nos define como perfeitos ingratos.

Ore atraindo a presença do Espírito Santo como sinal de dependência dele, e não tenha medo dessa dependência porque ela, ao contrário de qualquer outra, pode suprir por completo o vazio que nada mais pode.

Por fim, não posso deixar de falar do louvor que também é uma forma de oração e, seja apenas ouvindo ou louvando na definição mais fiel da palavra, o acrescente nesse conjunto de orar sem cessar.

"Pois, na morte, não há recordação de ti; no sepulcro, quem te dará louvor?" Salmos 6:5

Resumindo, que nossas vidas sejam uma constante adoração ao Senhor, afinal no hebraico adoração tem raiz na palavra avodah, a mesma que significa servir, trabalhar. Adoração é então trabalhar ou servir ao Senhor, e se em tudo o glorificamos, tornamos nossa vida um ato de louvor à Ele.

Humildade como princípio de sabedoria

'Quem teme o Senhor está aprendendo a ser sábio; quem é humilde é respeitado.' Provérbios 15:33

Estamos chegando ao final desse livro, degustando um pouquinho da beleza que o livro de Provérbios nos traz.

De tudo o que falamos aqui, como essência podemos destacar de que uma oração sempre será mais eficaz se estivermos dispostos a receber a mudança necessária em nosso ser para sermos agradáveis a Deus.

Por isso, é importante conhecê-lo cada vez mais e entender a sua vontade para nossas vidas pois, é através desse conhecimento que poderemos nos achegar mais a Ele.

Na atual conjuntura, é normal que algumas pessoas ainda pensem que ser alguém abençoado é ser alguém rico e com muitos recursos, e passam algum tempo orando a Deus pedindo pelo resultado, ignorando por completo o processo pelo qual deveriam passar.

Conheço pais de família que oram pedindo saúde para poderem trabalhar e continuarem a sustentar suas famílias, enquanto outro "oram" pedindo riqueza para o mesmo fim. Qual desses dois estaria mais próximo daquilo que nosso Deus é por definição?

Conheço também pessoas que perderam tudo e que reconhecem a sua falta de sabedoria que ocasionou isso, mas que se reergueram após receberem de Deus, uma estratégia para um lindo recomeço.

Propositalmente, escolhi a versão NTLH (Nova Tradução na Linguagem de Hoje) para que seja mais fácil de entendermos o versículo base desse capítulo.

A sabedoria não é algo que se adquire da noite para o dia, mas sim algo que vai crescendo dentro de nós, conforme o próprio Deus permita. Tão logo, é um processo contínuo, mas que não precisamos de um final para já perceber seus efeitos.

Por isso, se tememos o Senhor com determinação, e já expliquei aqui que esse temor nada tem a ver com medo de pavor e sim de respeito, ele nos disciplina trazendo as experiências que no final se reverterão em sabedoria em nossas vidas.

Muitos pensam que se pedirmos paciência para Deus para suportarmos uma ou várias situações, a receberemos num passe de mágica, mas na verdade receberemos situações que nos ensinaram a ter paciência, pois nosso Deus é um Deus de processos. O mesmo para quem pede coragem, que na verdade receberá oportunidades para desenvolver a coragem.

Não quero me aprofundar muito nesse assunto, mas talvez o que você chama de problema nesse momento em sua vida, seja Deus te preparando para ajudar a outras pessoas, ou para te ensinar algo que é ou ainda será muito importante para você durante sua vida.

Lembra quando falei logo acima das pessoas que perderam tudo por falta de sabedoria na época, mas que se reergueram após receberem de Deus uma estratégia?

Hoje, algumas dessas pessoas deixam bem claro que fazem questão de falar de suas experiências quantas vezes for necessário para outras pessoas, com a finalidade de evitar que outros nessa terra passem pelos mesmos problemas que eles passaram, ou seja, eles aprenderam uma lição tão importante que rodam o mundo para transmitir essa mensagem.

A segunda parte do versículo 33 do capítulo 15 do livro de Provérbios, diz que os humildes são respeitados e eu acredito firmemente que são respeitados principalmente por Deus que, não somente acolhe suas orações como também as atende.

Quero lembrar a você que começamos esse livro falando de conhecer a Deus, como uma estratégia inicial para estabelecermos uma oração eficaz, passando pela sabedoria e finalizando com a humildade.

O Senhor pode até nos dar estratégias e nos ensinar a ter sabedoria, mas sem a humildade a sabedoria fica incompleta, aliás, que sabedoria há em não ser humilde?

Falamos aqui também sobre sermos agradáveis a Deus e o início disso é seguindo os passos de Jesus, alguém que poderia ensinar humildade com uma facilidade jamais vista, até porque é através de sua pessoa que vemos que a sabedoria não subsiste sem a humildade.

E por fim, gostaria de deixar algumas referências sobre o que agrada a Deus, além de uma sugestão de leitura para cada um destes itens. São eles:

- Arrependimento: Reconhecer nosso erro e decidir não mais cometê-lo (Ezequiel 18:21-22)
- Fé: acreditar e amar a Deus sobre todas as coisas (Hebreus 11:6)
- Generosidade: estar atento à necessidade do próximo e abençoar aos outros por amor (Hebreus 13:16)
- Integridade: ser honesto com todos e com Deus (1 Crônicas 29:17)
- Louvor: ser grato a Deus por todas as coisas (Salmos 69:30-31)

É certo que, ao mesmo tempo que para agradar a Deus é necessário muito mais que isso, é também muito mais simples do que parece. Quando estamos em Cristo por completo, nossas palavras, emoções e atitudes mudam completamente e viver de uma forma agradável a Deus passa a ser algo natural.

Uma vida abençoada é o que desejo que você tenha e que este livro e suas humildes palavras aqui registradas possam surtir tantos bons efeitos sobre sua vida, quanto jamais tenha sonhado ser possível, através de um relacionamento mais profundo com nosso Deus e Criador através de Jesus Cristo nosso Senhor.

Te desejo paz e prosperidade!